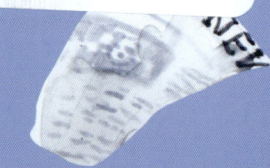

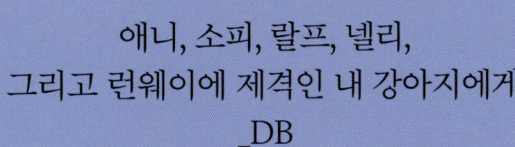

애니, 소피, 랄프, 넬리,
그리고 런웨이에 제격인 내 강아지에게
_DB

나에게 인생 패션을 가르쳐준
아이린과 갈리나에게
_MD

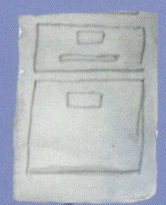

글 데보라 블루멘탈

뛰어난 실력으로 많은 상을 받은 언론인이자 영양학자로 《값진 파티복: 패션 디자이너 앤 콜 로우 이야기》를 포함한 여러 어린이 책과 어른들을 위한 책을 썼어요. 뉴욕 타임스와 롱 아일랜드 뉴스데이에 정기적으로 글을 기고했으며, 뉴욕 데일리 뉴스, 워싱턴 포스트, 코스모폴리탄, 우먼즈 데이, 보그 등 여러 신문과 잡지에 종종 글을 쓰기도 했어요. 지금은 뉴욕에 살면서 다양한 분야의 글을 쓰고 있어요.

그림 마샤 디언스

예술가이자 작가, 일러스트레이터로, 모자를 즐겨 쓰는데 대부분 자신이 직접 디자인한 것이에요. 자연의 아름다움, 주변의 모든 것에서 얻는 감동, 어른이 되기를 거부하는 동심 등으로부터 영감을 얻어 수채화 엽서 카드를 만들어요. 또한 의상을 스타일링하거나 디자인하기도 하고, MoMA의 유명한 팝업 카드를 비롯해 다양한 상품들을 디자인하기도 해요. 그녀의 작품들은 전 세계 여러 곳에서 만날 수 있어요. 현재는 캘리포니아주 로스앤젤레스에 살고 있어요.

개성을 담는 거리의 예술가
빌 커닝햄에 대하여

1판 1쇄 발행 2020년 7월 20일
1판 3쇄 발행 2024년 1월 10일

글 데보라 블루멘탈 | **그림** 마샤 디언스 | **옮긴이** 이정아 | **편집** 정애영
펴낸이 정윤화 | **펴낸곳** 더모스트북 | **디자인** S and book (design S)
출판등록 | 제2016-000008호
주소 강북구 인수봉로 64길 5 | **전화** 02-908-2738 | **팩스** 02-6455-2748 | **이메일** mbook2016@daum.net
ISBN 979-11-87304-19-7 77840 | 정가 13,000원
우리동네책공장은 더모스트북의 아동브랜드입니다.

POLKA DOT PARADE: A Book About Bill Cunningham
Text copyright ⓒ 2018 by Deborah Blumenthal
Illustrations copyright ⓒ 2018 by Masha D'yans
Korean translation copyright ⓒ 2020 by The Most Book
This Korean edition published by arrangement with Little Bee Books, Inc. through AMO Agency, Korea
All rights reserved.

이 책의 한국어판 저작권은 AMO 에이전시를 통해 저작권자와 독점 계약한 더모스트북에 있습니다.
저작권법에 의해 한국 내에서 보호를 받는 저작물이므로 무단 전재와 무단 복제를 금합니다.

개성을 담는 거리의 예술가

빌 커닝햄에 대하여

글 데보라 블루멘탈 그림 마샤 디언스 옮긴이 이정아

우리동네
책공장

빌 커닝햄은 아침 일찍부터
어둠이 내릴 때까지
자전거를 타고
뉴욕 시내 곳곳을 누볐어요.

파란색 재킷에 황갈색 바지,
검은색 스니커즈를 신고,
카메라를 목에 건
빌 커닝햄의 눈은
항상 반짝였어요.

"아름다움을 찾는 사람의 눈에는 아름다움이 보입니다."
빌 커닝햄은 패션쇼 관객들에게서도 아름다움을 찾아냈어요.

빌 커닝햄은 거리를 누비며
드레스에서 순수함을,
주름치마의 나풀거림에서
즐거움을,

재즈 연주자들의 옷에서
재즈의 아름다움을
발견했어요.

체크무늬의 옷,
보라색이 살짝 섞인 회색 옷에서도
아름다움을 찾았어요.

코트나 스웨터를 입고
보석 리드줄로 한껏 멋 부린 강아지도
빌에게는 아름답게 보였지요.

"사실 내 눈에는 사람보다
그 사람이 입은 옷이 보여요."

빌 커닝햄은 다양한 사람들이 입은
다양한 옷을 찍고 또 찍었어요.

그가 찍은 많은 사진은
뉴욕 타임스에 실리기도 했어요.

사진은 곧 그의 말이고,
패션은 곧 그의 언어였어요.

**"패션은 반복되는 일상을
버티게 해주지요."**

빌에게는 부자든 가난한 사람이든 상관없었어요.
중요한 것은 그 사람만의 개성이었어요.

**"사람들은 모두 자신만의 개성이 있어요.
다만 그것을 표현할 용기가 없을 뿐이죠."**

빌은 옷이 들려주는 이야기에
귀를 기울였어요.

패션은 수다쟁이처럼
사람들의 비밀을 말해 주거든요.

모자 디자이너였던 빌은 모자를 만드는 대신 패션에 대한 글을 쓰고 사진 찍는 법을 공부했어요.

빌은 유행을 따르는 사람들보다 유행을 만드는 사람들을 찍었어요.
그들은 다른 사람들이 쳐다보고 웃든 말든 전혀 신경 쓰지 않거든요.
레오파드 무늬로 표범처럼 꾸민 사람, 고양이 장식이 달린 멋진 모자를 쓴 사람,
물방울무늬와 얼룩무늬 옷을 입은 사람들의 모습이 빌의 카메라에 담겼어요.

패션은 자신에게 솔직해요.
그래서 패션은 자유를 뜻하기도 하지요.

빌은 아름다움을 찾기 위해
화려한 파티에 참석하기도 하고,
파리 패션쇼에도 바쁘게 다녔어요.
때로는 거리에 무작정 서 있기도 했지요.

뉴욕에서 빌이 가장 좋아하는 장소는
맨해튼 5번가와 57번가 모퉁이였어요.

**"내가 눈에 띄지 않았으면 좋겠어요.
그래야 더 자연스러운 사진을 찍을 수 있거든요."**

금빛의 은행나무가 한창인 가을,
빌은 센트럴 파크에서 환상의 조화를 이룬
노란색 핸드백과 검정 줄무늬의 스카프를 찍었어요.

비 오는 날엔 값비싼 구두를 신고
물웅덩이를 피하느라
춤추듯 폴짝폴짝 뛰는 사람들을 찍기도 했지요.

빌은 보석을 다루듯 자신이 찍은 한 장 한 장의 사진을 꼼꼼히 살폈어요.

빌은 눈과 바람, 빙판길도 아랑곳하지 않고
자전거를 타고 뉴욕 시내를 다녔어요.
때로는 자전거를 도둑맞기도 했고,
차와 부딪혀 망가지기도 했어요.
그렇게 바꾼 자전거만 서른 대 정도였지요.

패션을 뺀 빌 커닝햄에게는
작은 아파트 한 채가 전부였어요.
주방도 없었고, 텔레비전도 없었어요.
빌은 좁은 침대에서 잠을 잤어요.
집 안에는 오직
셀 수 없이 많은 사진이 담긴
수십 개의 서랍장만
가득할 뿐이었어요.

사람들은 빌을 만날 때마다
사진을 찍어달라고 했어요.
하지만 빌은 그저 웃기만 했어요.
빌은 자신에게 특별하게
보이는 사람들을,
자신만의 방식으로 찍는 걸
좋아했거든요.

모든 사람이 빌을 존경했어요.
어떤 상황에서도 빌은
자신의 신념을 잃지
않았거든요.

2005년 프랑스 정부는 빌 커닝햄에게 최고의 영예인 레지옹 도뇌르 훈장을 수여했어요.

뉴욕의 거리와 백화점은 빌의 작품들로 화려하게 꾸며졌어요.

하지만 빌은 자신이 주목받는 것이 불편했어요.

사람들의 관심이 자신보다 다른 이들에게 집중되기를 바랐지요.

여든일곱 살의 빌 커닝햄은 마지막 순간까지도 즐겁게 일했어요.
2016년 6월 25일, 많은 사람이 눈물을 흘리며 빌의 죽음을 슬퍼했어요.
사람들은 빌을 거리 패션 사진의 창시자라고 했어요.
빌보다 뛰어난 사람은 앞으로 없을 거라고도 했어요.

뉴욕 타임스의 경영자였던 아서 슐츠버거 주니어는 말했어요.
"우리는 전설을 잃었고, 나는 친구를 잃어 마음이 아픕니다."

빌 커닝햄은 떠났지만, 그는 우리에게 선물을 남겼어요.

빌이 평생에 걸쳐 찍은 찬란한 패션 사진들은
인생이라 불리는 무대에서 옷을 입을 때마다
우리에게 힘과 용기를 주지요.

개성을 담는 거리의 예술가
빌 커닝햄에 대하여

작가의 말

데보라 블루멘탈

빌 커닝햄(윌리엄 존 커닝햄 주니어, 1929년 3월 13일 보스턴에서 태어나 2016년 6월 25일에 뉴욕에서 사망)은 뉴욕에서 가장 유명한 사람이었어요. 유명해지지 않으려고 할수록 점점 더 유명해졌지요.

빌은 뉴욕 타임스에 실리기 위해 세련된 사람들과 눈에 띄는 옷을 입은 사람들의 사진을 찍었어요. 만일 빌 커닝햄이 당신의 사진을 찍고 싶어 한다면 그것은 곧 당신이 멋있다는 증거예요.

빌 커닝햄은 40여 년 가까이 자전거를 타고 붐비는 뉴욕 시내의 골목과 화려한 파티를 누비며 자신처럼 패션에 대한 열정이 가득한 사람들을 찾아다녔어요. 깃털, 가죽, 퍼(털), 퍼프, 숄, 카울(후드 달린 망토) 등으로 한껏 멋을 낸 사람들과 그들의 개성이 돋보이는 패션 사진이 매일 신문에 실렸지만, 사람들은 결국 빌만 기억했지요. 하지만 정작 빌은 그런 일에는 관심도 없었어요.

빌은 하버드 대학에 입학했지만, 두 달 만에 그만두고는 여성복을 만드는 가게에서 일하다가 모자 디자이너가 되었어요. 그 후부터 자신이 좋아하는 스타일의 옷을 입은 사람들을 사진에 담기 시작했어요. 나이 든 사람이든 젊은 사람이든, 부자든 가난하든, 남자든 여자든, 남자아이든 여자아이든, 심지어 강아지든, 오리든, 구렁이든, 원숭이든, 특별한 모습을 하고 있다면 무엇이든 사진을 찍었어요.

빌은 사람의 얼굴을 알아보지 못할 때도 많았어요. 한 번은 퍼 코트에 비니와 선글라스를 쓴 매력적인 여성의 사진을 찍었는데, 나중에야 그녀가 유명한 여배우 중 한 명인 그레타 가르보라는 사실을 알아차렸어요.

나는 빌을 만난 적이 두 번 있었어요. 한 번은 링컨 센터에 콘서트를 보러 갔었는데, 그가 나와 남편에게 "안녕하세요!"라고 인사를 하는 순간 저 멀리서 카메라 플래시가 터지는 바람에 우리는 헤어졌어요. 두 번째는 뉴욕 역사 협회에서 남편이 쓴 책 《스토크 클럽》의 출판 기념회 날이었어요. 그날 드레스 코드가 1920~30년대 미국 주류 금지령 시대 의상이었는데, 옛날 갱스터와 댄서처럼 차려입은 사람들 사진을 찍으며 행복해했던 빌의 모습이 떠오르네요.

참고자료

제이콥 번스타인, "전설의 타임즈 패션 사진 기자, 빌 커닝햄, 향년 87세로 사망"
 2016년 6월 25일 뉴욕타임즈 기사 https://www.nytimes.com/2016/06/26/style/bill-cunningham-legendary-times-fashion-photographer-dies-at-87.html?_r=0.

영화 빌 커닝햄 뉴욕(*Bill Cunningham New York*),
 리차드 프레스 감독. 2010년작. 뉴욕 차이트가이스트 필름스 제작.

존 커드원, "빌 커닝햄의 미공개 사진들" 2016년 12월 16일 뉴욕타임즈 기사, https://www.nytimes.com/2016/12/16/fashion/bill-cunningham-unpublished-photos.html.

뉴욕타임즈 빌 커닝햄 아카이브,
 https://www.nytimes.com/by/bill-cunningham.

뉴욕타임즈 빌 커닝햄 "거리에서(On the Street)" 동영상 시리즈,
 https://www.nytimes.com/video/on-the-street.

출처

"아름다움을 찾는 사람의 눈에는 아름다움이 보입니다" 빌 커닝햄 뉴욕 타임즈

"순수의 미" 빌 커닝햄 "거리에서: 파리에서 온 엽서(On the Street; Postcard from Paris)"
 2006년 3월 26일 뉴욕타임즈 기사, http://query.nytimes.com/gst/fullpage.html?res=9F06E7DA1730F935A15750C0A9609C8B63.

"사파이어색이나 보라색을 살짝 끼얹은" 로렌 콜린스, "거리의 남자: 빌 커닝햄 맨해튼을 접수하다"
 2009년 3월 16일 뉴욕타임즈 기사, http://www.newyorker.com/magazine/2009/03/16/man-on-the-street.

"내 눈에는 사실 사람이 보이지 않고, 그가 입은 옷이 보여요." 콜린스, "거리의 남자"

"패션은 일상의 현실을 견뎌내는 갑옷이에요." 소피 갤러허, "빌 커닝햄의 스타일 명언"
 2016년 6월 26일 호주 하퍼스 바자, http://www.harpersbazaar.com.au/news/fashion-buzz/2016/6/bill-cunningham-dies-best-style-quotes/.

"자기만의 개성을 가진 사람이 많아요. 다만 그것을 표현할 용기가 없을 뿐이죠." 빌 커닝햄 뉴욕

빌은 혼자서 사진 찍는 법을 공부했어요.
 https://en.wikipedia.org/wiki/Bill_Cunningham_(American_photographer)

5번가와 57번가 모퉁이, 제이콥 번스타인 "뉴욕시, 교차로의 이름을 '빌 커닝햄 코너'로 바꾸다."
 뉴욕타임즈 2016년 7월 5일 기사, hhttps://www.nytimes.com/2016/07/06/nyregion/bill-cunningham-corner-of-57th-street-and-fifth-avenue.html.

"나는 전혀 눈에 띄지 않았으면 좋겠어요. 그러는 편이 더 자연스러운 사진을 찍을 수 있기도 하고요."
 "빌 커닝햄이 말하는 빌 커닝햄" 뉴욕타임즈 2016년 6월 25일 기사,
 https://www.nytimes.com/2016/06/26/fashion/bill-cunningham-on-his-life.html?ref=topics.

"이보다 더 이상 좋을 수 없는 조합" "빌 커닝햄 하면 떠오르는 것들"
 2016년 6월 8일 first-thoughts.org/on/Bill+Cunningham/.

"저는 일하는 게 아니에요. 그저 하루 종일 재미있게 지내는 법을 알고 있을 뿐이죠." 빌 커닝햄 뉴욕

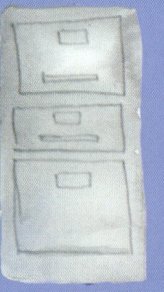